Publique su libro.
Auto publíquelo usted mismo.
Guía básica y sencilla.

Publicar hoy en día ya no es solo un sueño o una quimera. Publicar un libro puede costar dependiendo lo que "haga usted mismo" desde los miles de dólares a solo menos de $ 100.00 con registración de derechos de autores y todo. Repito, depende to que "haga usted mismo". Con todos los adelantos de la tecnología de hoy en día es fácil de convertirse en una realidad. Pero escribir un libro no es solo tener inspiración y robarle tiempo a la vida para escribir. Se necesita un conocimiento algo más que básico de la tecnología para poder lograr su sueño. Pero no se asuste, existen programas gratis o de muy bajo costo para logar su objetivo de publicar su libro.

Tiempo es dinero

Esta viaja expresión se hace una realidad muy palpable cuando se refiere a la publicación de un libro. Publicar un libro usted mismo no necesariamente significa que todo tenga que hacerlo "todo" usted mismo

¿Qué servicios pudiera contratar y qué servicios puedo dejar para hacer yo mismo?

Vocabularios como textos flotantes, textos integrados (embedded), caratula o portada con la cantidad de pixeles necesarios pudieran tomarle más tiempo que el que usted pudiera querer emplear. Haga su tarea. Pruebe usted mismo y si no puede trate de buscar ayuda. Haga su tarea e investigue. He oído de una señora que estuvo un año entero tratando de hacer una conversión de un formato de PDF a ePub para publicar en Kindle, cuando al final decidió buscar ayuda solo le costó aproximadamente $69.00 al usar de un programa con el que hizo el trabajo en solo 15 minutos. Hay compañías que por precios módicos le prestan todos los servicios necesarios desde preparar la caratula o ajustar la caratula que ya usted preparo lista para publicar hasta para hacer la conversión a los formatos necesarios para cada sistema. Haga su presupuesto.

¿Qué intento hacer con mi libro?

¿Es mi libro solo para regalar a mis amigos o definitivamente lo quiero para la venta? ¿Es para el uso de mi empresa o para las instrucciones de un producto que quiero vender? ¿Es una novela o un libro de historia? Dependiendo el fin es muy importante el principio, mejor dicho, el costo.

El objetivo tendrá mucho que ver con el fin.

Si mi libro es definitivamente para la venta tengo que calcular fabricación, costos y ganancia.

Precio

¿Cuál sería el precio de mi libro? Mejor dicho ¿Cómo podría calcular el precio de mi libro?

Depende del tipo de libro.

Libro de bolsillo (caratula suave).

Empecemos por el costo. El costo va a variar dependiendo del tipo de papel que se use, si es a colores o no o cuantas paginas a colores va a tener, del tamaño del libro, etc. Hoy en día podemos obtener una impresión bajo demanda (print on demand) a muy bajo costo. Esto quiere decir que podemos poner la orden de un libro y pedir solamente uno y ser enviado desde la imprenta directamente al comprador. Generalmente el comprador paga el envió. Podemos obtener un estimado exacto de cuánto va a ser el costo antes de imprimirlo. Las empresas principales (citadas más adelante en este libro) tienen una herramienta automática en su página web con el estimado. Siéntase libre de hacer varias cotizaciones aun antes de terminar su borrador. En la cantidad de páginas calcule cada cara de la página como una, o sea una hoja de papel son 2 caras o 2 paginas. Cuente las páginas en blanco. Cuente desde la primera página hasta la última sin importar dónde empieza a numerar las páginas. Cuente siempre un número par de páginas. Por ejemplo, si la suma le daría 175 páginas use 176 para su cálculo. No cuente la portada. Generalmente hay un mínimo de 18 páginas y un máximo de 1,200.00 Trate de usar un tamaño estándar para su libro. Los tamaños estándar están los puede ver en el programa que use para escribir (world, etc). Ir a diseño de página (page layout) . Ir a tamaño (size) y escoger. Ejemplos son A5" o 5.83 x 8.27" (este es generalmente el más popular),

5" x 7," etc.

Los precios pueden variar de una compañía a la otra pero generalmente son muy parecidos.

Ejemplo 1: 18 a 46 paginas, blanco y negro, papel de 50 libras blanco o crema (casi todos los libros usan este papel), caratula de colores con brillo o mate, con espina engomada y tamaño A5 el costo es $1.40 (luego menciono donde). Este mismo ejemplo pero a colores es $1.85

Varias compañías, pero no todas, cobran además una tarifa de $25.00 a $ 50.00 dólares, como tarifa adicional por título. Esto sería una sola vez en la vida, por libro, si no cambia su contenido.

El precio de caratula no necesariamente seria el precio de venta, pero es extremadamente importante.

Tenga en cuenta las promociones que las librerías hacen para calcular el precio. ¿Qué tal si hacen un especial de todos los libros de Romance al 50% de descuento? ¿Y la ganancia del distribuidor y de la librería? Usualmente el porcentaje de ganancia para los distribuidores y canales de venta (como librerías) van de un 40% a un 70%. (En casos mínimos hasta 20%)

Usemos la fórmula de triplicar el precio de fabricación.

Precio de venta al público $ 4.19 al 50% de venta promoción de la librería = $ 2. 09 - costo $ 1.40 = .69 centavos - 40% del precio de venta es pagado a usted (generalmente el más bajo de los casos) = .0276 centavos seria su ganancia (menos impuestos). Si usted anuncia que paga el envió tendría que sumar este costo dentro de la ecuación, pero recuerde que generalmente es pagado por el que compra. Este sería uno de los peores escenarios, pero peor aún si la ganancia sería un negativo.

Este mismo caso pero si lo vende en su página usted mismo.

$ 4.19 − $ 1.40 = $ 2.70 Este sería uno de los mejores escenarios.

Entonces podemos asumir que el costo de imprenta lo podemos multiplicar 3 a 4 veces mantener margen de ganancias.

En esta fórmula no calculamos el costo adicional que usted incurrió, "si se aplicase", como los cargos de establecer su título con la imprenta, los cargos que tuvo que pagar por mandar a diseñar la portada, los cargos de pagar a alguien por la revisión ortográfica del manuscrito, etc. á

Estos cargos mencionados en el párrafo anterior serían muy variables.

La fórmula de multiplicar por 4 el costo de fabricación sería necesaria en el caso de un escritor que empieza ya que no sabe o calcula el retorno que su libro le podría dar. También sería la fórmula perfecta si el libro no sería para la venta si no para otro tipo de destino (ejemplo: un cancionero para una iglesia). Pero la formula principal es: sentido común.

Compare. Busque otros libros de similar tamaño y tipo, por escritores que tengan más o menos la misma cantidad de libros publicados.

Recuerde que este precio es el que esta imprimido en el libro, no necesariamente el precio que usted "tenga" que vender su libro.

Tenga en cuenta que esta fórmula es para un autor que no sea muy conocido, generalmente para alguien que no ha publicado más de 5 libros con éxito.

Esta fórmula es solo una sugerencia, usted debe formular sus propios cálculos.

Por favor note que los precios usados terminan en 9, esto es porque muchos distribuidores "exigen" que los precios terminen en 9.

Libros de tapa dura son más caros de fabricar. Este tipo de libros son para coleccionistas y no se recomienda para la venta de libros que se venden por primera vez o de escritores que empiezan.

eBooks

Libros que son descargados en programas para Kindle, Kindle Fire, Computadoras, Ipads, etc.

Los costos son muy bajos, "generalmente" solamente $ 1.00 Algunas compañías cobran un cargo una vez en la vida de $ 12.00 a $ 25.00 por título, otras nada. Los porcentajes de venta a usted, el autor, van usualmente desde el 100% (menos costo) a un 70%. Los títulos más vendidos generalmente van desde .99 centavos a $ 2.99.

Las compañías de distribución generalmente hacen acuerdos de promoción en dar libros de gratis de .99 centavos a $ 2.99 "totalmente gratis" por ciento tiempos limitados a sus miembros. Si sus títulos están en este precio usted estaría obligado a este acuerdo y pago de su regalía seria $ 0.00

Otro acuerdo que tiene que aceptar es dejar leer al posible comprador cierto número limitado de páginas de gratis para ver si le gusta el producto antes de comprarlo. Esto hace muy importante las primeras páginas de su libro.

Las primeras páginas de su libro deben "enamorar" al lector. Si su libro es informativo (libro de recetas de comidas, como hacer… o algo así) debe proveer información o narrativo de lo que viene después, por lo que la persona estaría comprando su libro, sin dar la información en las primeras páginas.

¿Por qué pondría yo un libro a la venta por .99 centavos cuando mi costo es de $ 1.00?

Muy fácil. Usted se está dando a conocer, es una promoción perfecta por la que está pagando solamente un centavo. Es una buena idea de hacer un libro corto y "anunciar su novela larga" que es vendida por un mejor precio. Y siempre usted está a cargo del precio que puede modificar en cualquier momento, como por ejemplo subir a $ 3.99 su ebook si la venta ha sido buena.

No es muy profesional subir el precio escrito en la caratula de un libro ya imprimido. Usted siempre podrá hacer una segunda edición del mismo libro con el cambio de precio en la caratula o con una caratula totalmente nueva.

Otro punto. Algunas compañías no cobran si usted no cobra nada por su producto. Si usted pone su libro por cierto tiempo a $ 0.00 (gratis) ellos tampoco le cobran a usted gastos. En ese tiempo (digamos una semana, diez días) muchos lectores leen su libro y le dejan comentarios positivos, sube su libro de posición en el nivel de ventas (basado en lectores, no necesariamente en dinero ganado). Me refiero a la posición en la búsqueda de los lectores. Esto es práctico para ebooks, no para libros impresos.

Audiencia

Es muy importante saber a qué audiencia es enfocado su libro. ¿Cuáles son las preferencias de su audiencia? Si su libro es para un niño muy pequeño su audiencia no es precisamente el niño si no su madre que le leerá este libro al pequeño o al pequeño por nacer. Este libro es para ese niño a través de los ojos de su madre. En este caso a quien debe "enamorar" es al adulto que vive a través del niño. Si el libro es para un niño no tan pequeño pero de edad preescolar lo repetitivo es muy buena opción. Los niños de esa edad les gustan las mismas cosas, las mismas costumbres. Yo recuerdo mi hijo mayor (al igual que sus hermanas después y sus primos) que veían la misma película una y otra vez hasta y hasta se sabían las líneas de los personajes que repetían con ellos. Hoy en día todavía me he fijado varias veces en niñas pequeñas con un ipad o el celular de su mamá, viendo un video de alguna película de caricaturas y repiten palabras por palabras las líneas al unísono con el personaje de la película. A niños más grandes les tienen que cautivar a través su imaginación. Los niños son una audiencia muy importante, no tienen dinero pero son los que más gastan. Unos padres que duden en comprar un libro para ellos, tal vez porque tengan una situación precaria, tal vez no duden en comprarlo para su hijo. A las jóvenes el romance sigue cautivando su corazón al igual que en el tiempo de nuestros abuelos.

Una vez más, investigue, hable con personas de la edad de la audiencia a la que quiere vender. Audiencia general es un término muy amplio. Su libro puede ser para más de una audiencia, agregue algo para cada cual, deles un gustico a cada uno. Vea cuales son los libros más vendidos, qué es lo que está de moda o pasando en el mundo. Hoy en día esta información es fácil de conseguir, solo tiene que escribir en el buscador de la computadora "libros más vendidos" e inmediatamente tendrá la lista de los 100 libros más vendidos en el mundo, en el año, en un idioma especifico.

Descripción

La descripción de su libro, al igual que la carátula son los dos elementos más importantes en un libro de un autor que no vende solo por su nombre. La descripción generalmente debe tener menos de 4,000 caracteres (entre 200 a 4,000 dependiendo de la imprenta o de la casa editora). En esas cortas líneas usted debe vender su libro, despertar la curiosidad del comprador, cautivarlo. Nunca diga todo lo que pasa en su libro, el lector debe descubrirlo. Hable de los personajes principales, los sucesos más importantes; en pocas palabras: venda el libro.

Asuntos Legales

Registración.

La registración no es obligatoria pero si recomendada. Ver más abajo.

Derechos de autor.

El derecho de autor es una forma de derechos humanos.

¿Cuáles son mis derechos de autor? (También llamados licencias)

1. Derecho de reproducir su libro. Transformarlo o adaptarlo.

2. Derecho de hacer derivados del libro (ejemplo otra historia sobre un personaje).

3. Derecho de distribuir copias de su libro.

4. Derecho de vender, ceder o regalar su obra.

5. Derecho de hacer pública la obra (por ejemplo ver su obra representada en un teatro, una película)

6. Derecho de transmitir o mostrar su obra (en la radio, etc.)

Nota: Derechos accesibles en los Estados Unidos. Es legal en Estados Unidos y otros países crear una versión alternativa sin permiso del autor para hacer accesible su libro a personas legalmente ciegas o discapacitadas (en Braille, letras grandes).

Otros tipos de licencia de derecho de autor (copyright).

Licencia creativa común/ *Creative Common Licenses*

Es una licencia que autor "escoge" otorgar este derecho al público para usar libremente con ciertas condiciones. Por ejemplo: Partes de las figuras, esquemas o fotos en este libro tienen licencia creativa común. La figura ejemplo ISBN en este libro está bajo esta licencia. El autor dio permiso de usarla con la condición que no se use en la portada y que se mencione la referencia del autor como creador de la imagen tal como lo muestra bajo la imagen.

Estas licencias trabajan bajo los derechos reservados de autores, pero mantienen solamente "algunos" derechos reservados.

Seis tipos de estas licencias existen

¿Cómo identifico estos tipos de licencia?

 LICENSIAS   CREATIVAS   COMUNES.

 LICENSIA DE ATRIBUCION: Se puede copiar, distribuir, hacer

derivados, etc., pero solo dándole crédito al dueño o autor. Ver si dan permiso para licencia comercial o no.

🄯 LICENSIA DE COMPARTIR: Usted da permiso a copiar, distribuir, hacer derivados, etc., pero solo entre los dueños o autores de licencia del mismo tipo (por ejemplo de un sitio de blogueros a otro sitio de blogueros)

🅢 LICENSIA NO COMERCIAL: Usted da permiso para copiar, distribuir, hacer derivados, etc., pero solamente para uso no comercial (para nada que le pudiera dar ganancia económica. No la debe usar para su libro si lo va a poner a la venta). Nota: Puede encontrar el mismo símbolo pero con otro tipo de moneda como el yen japonés, el euro, etc.

🅔 LICENSIA N0 TRABAJOS DERIVADOS: Usted da permiso para copiar, distribuir, pero No de hacer trabajos derivados.

Trabajos derivados: Cambiar colores, adicional o quitar parte del trabajo o figura, modificar, etc.

Los trabajos pueden estar cubiertos bajo más de una licencia, por ejemplo

Licencia de Atribución + Licencia de No Trabajos Derivados.

Atribución: Pink Beauty by Pixxl Teufel. Photography. Bajo Licencia Creativa Común

Hay varios lugares donde puede obtener estas imágenes, símbolos, trabajos, etc., totalmente gratis o a muy bajo costo. Siempre verifique si la información es correcta.

Ejemplo de lugar donde puede encontrar trabajos bajo licencia común creativa o a muy bajo costo.

www.search.creativecommons.org

Dominio Público.

Es un trabajo que no tiene derecho de autor porque el periodo de protección se expiro o porque nunca lo tuvo en primer lugar.

Este tipo de trabajo lo puede usar libremente, sin pago de derecho de autor y sin ninguna restricción. Ejemplo de ello son los trabajos de Shakespeare.

Aquí es bueno adicionar otro término legal: Derechos Morales. Los Derechos Morales son para toda la vida y acreditan al autor su obra. Las obras de Shakespeare siguen siendo las obras de Shakespeare aunque pasen mil años más y sus obras sean de dominio público (de todos) hoy en día.

La Gioconda de Leonardo Da Vinci es una imagen de Dominio Publico.

Dominio Público

Estas figuras, fotos, diseños, dibujos, etc. bajo licencias comunes creativas o bajo dominio público pueden usarse libremente en su libro, bajo las condiciones especificadas sin tener que pagar derechos de autor.

¿Puedo usar una foto, dibujo u otra cosa que este bajo derecho de autor para mi libro?

Si tengo permiso del autor (le recomiendo por escrito) o si paga por ello (como por ejemplo pagar al dueño de una foto para usarla. Especifique que para publicar un libro).

¿Qué pasaría si uso una foto o dibujo para mi libro que este bajo derecho de autor si permiso y sin pagar los derechos?

Esto es un delito y puede resultar que manden a destruir todos los libros publicados, tener que pagar indemnización y otros problemas legales.

© Símbolo de Derecho de autor (copyright). Si ve una imagen, foto, etc.

con este símbolo no debe usarla sin el permiso debido.

Ejemplo donde puede encontrar trabajos de Dominio Público (y otras no publicas pero a muy bajo costo).

www.publicdomainpictures.net

¿Tengo que registrar los derechos de autor de mi libro? No realmente, ¿pero por qué no?

Los derechos de autor "deben" ser reconocidos aun cuando no exista este registro pero ¿Qué pasaría en el caso que sus derechos fueran violados? ¿Qué pasaría si la compañía X hiciese una película utilizando la historia que usted escribió y aparece como el autor Fulanito de tal? En el caso de un conflicto sobre quién es el autor de la obra el registro seria quien movería la escala a su favor. El registro también asegura que su obra les quede de legado a sus herederos cuando usted no esté más aquí. Hoy en día es muy fácil registrar una obra literaria y también muy económico.

Los derechos de autores es una propiedad intelectual. El plazo de los derechos de autor puede variar de un país a otro. En los Estados Unidos hoy en día es 70 años después de la muerte del autor. En otros países como en Colombia es hasta 80 años después de la muerte del autor y 50 años si es una persona jurídica (compañía, etc). En otros países "generalmente" lo menos que dura es 50 años después de la muerte del autor y después pasa a ser dominio público. 50 años es el mínimo a nivel mundial.

Los derechos de autor es una ley reconocida por la mayoría de los países.

La dirección de la página web para inscribir una obra en los Estados Unidos es: www.Copyright.gov

Registrar un libro es muy fácil y sencillo. Se puede hacer en línea o por correo.

ISBN y BARCODE

¿Qué es el ISBN?

Son las siglas en inglés para International Standard Book Number (número de libro estándar internacional).

Cada edición y variación del mismo libro "debe" tener su propio numero ISBN. Digo "debe" porque "legalmente" no hay que tenerlo, pero "técnicamente" si, si lo quiere vender.

Necesitaría un ISBN distinto para el mismo libro si lo publica en caratula regular, otro para caratula dura, otro para ebook, otro si es una segunda o tercera edición, etc.

Este número hoy en día tiene 13 dígitos. El método de obtener este número varia de país a país, y dentro de los estados Unidos también varía de estado a estado.

Un libro puede ser publicado sin este número (como en el caso que se quiera para uso privado) y luego más tarde obtenerlo y asignarlo.

El costo puede variar de un país a otro.

En Canadá es gratis.

En Estados Unidos es de $125.00 por uno si se compra directamente de la agencia oficial que está encargada de la otorgación; R.R. Bowker y su página web www.isbn.org . Si compra más cantidad el precio se va rebajando.

Pueden ser comprados en bloques de diez, cien, mil, cien mil, un millón, etc.

Muchas compañías compran estos números costándole hasta un centavo (basado en la cantidad que compran) y luego los revenden. Estos individuos son llamados agentes de ISBN y salen como los editores del libro.

Una buena opción para alguien que está publicando con un presupuesto limitado puede usar uno de los agentes revendedores de ISBN, pero solo si no le importa que no salgan como editores del libro. Si usted quiere publicar su libro y que salga como editora usted mismo o su propia compañía, entonces debe comprar su propio ISBN de la agencia oficial que los otorga.

Una aclaración necesaria: si usted usa un agente revendedor para obtener su ISBN y ellos salen como editores del libro, usted NO les está dando a ellos ningún derecho de autor A NO SER que usted se los de bajo contrato o acuerdo por alguna otra razón.

Este número ISBN no es reusable ni transferible y sirve para cualquier país del mundo.

A veces los servicios de las compañías PRINT-ON-DEMAND o POD (Imprimir bajo demanda) usan su propio ISBN. Si utiliza este servicio asegurase cual ISBN va a ser usado.

BARCODE o código de Barra

Es simplemente una herramienta necesaria para que las compañías puedan *"scannear"* su libro; leerlo mecánicamente y que les aparezca el precio en el sistema automatizado.

Este código de barra debe ser "comprado" y "registrado" a su nombre.

El numero ISBN siempre va a estar imprimido arriba del código de barra.

Barra adicional del precio (precio al detalle)

Una pequeña barra de código que debe ser insertada a la derecha del código de barra con un pequeño espacio en el medio. Esto es algo adicionar al código de barra. No es legalmente requerido pero prácticamente necesario.

Usted debe proveer el precio al detalle del libro para este código de barra. Este precio debe ser adicionado al código de barra o algunos distribuidores de libros lo penalizaran por no hacerlo. La empresa *Barnes and Nobles* es una de la empresas que penaliza por no tenerlo. Penalizar consiste que le cobra un cargo adicional al vender o por vender su libro o que simplemente no venden su libro. Esto en inglés es llamado *5 digit price Ad on Number* y oficialmente nombrado o Bookland EAN-5 (European Article Number)

5 digit Price ad on = adicionar el precio en 5 digitos. Numero 5 más precio. Si el precio es $19.55 aparecerá en la barra como 5 1 9 9 9. Notar que en los Estados Unidos de América es usado el número 5 para identificar el país. En vez de 01999 seria 51999 (país más los dígitos del precio sin punto o coma)

European Article Number = Numero de Articulo en el sistema Europeo

EAN-5 es solo creado para libros. Este mismo concepto sirve para todo tipo de artículos pero es llamado UPC. Algunos libros adicionalmente tienen UPC para ser vendidos en lugares como mercados, farmacias, etc. Solamente los libros que son producidos en serie (por ejemplo 5, 000,000.00 ejemplares para ser distribuidos en todos lugares) llevan dos códigos de barra, el ISBN + EAN y el UPC.

UPC son las iniciales en inglés para *Universal Product Code*; código de producto universal.

SAN y ISNI Otros códigos, números de barra, su significado y para qué son.

SAN (en inglés *Standard Address Number* que significa número de dirección estándar) es un número de 7 dígitos que identifica la dirección de la organización que lo vende. Se usa mucho para revistas (magazines) y para libros de Universidades u cualquiera compañía dedicada a la fabricación de libros.

ISNI (siglas en inglés: International Standard *Name Identifier* que significa Identificador para nombre estandarizado) es un código que identifica al autor. Este código es exclusivo para el autor y se puede usar en cada libro que publique. Asegura que los créditos lleguen al autor correcto en el caso que tenga un nombre común que pudiera ser confundido con otro autor, puede incorporar distintas formas de escribir su compre en el caso que su nombre pueda prestarse a escribirse erróneamente o con faltas de ortografía. Ese código también ayuda al proceso de que le entren sus regalías. Este número es parte de la familia de códigos ISO, una certificación global que identifica no solo a libros si no también compositores, cantantes, arreglistas, repertorios, cantantes de ópera científicos, historiadores, políticos, obras de arte, etc. Las siglas cambian dependiendo del tipo de arte, ejemplos son DOI, ISAN, ISBN, ISRC, ISSN, ISTC e ISWC.

Si quiere obtener un número de ISNI regístrese.

1. Chequear primero que no haya sido adicionado al registro ya que muchas compañías adicionan cada día a nuevas personas aun sin usted enterase.

2. Compre su número ISNI

3. Valla a www.isni.org y cree una cuenta

4. Complete la registración.

Usted puede obtener este número atreves de terceros por un pago muy módico.

El número ISNI no es "necesario" ni "requerido" solo muy conveniente.

¿Dónde debe ir el código de barra en un libro?

Debe ir en la parte de atrás de la portada o caratula, en la parte de abajo a mano derecha. No hay nada controversial que se incluya en otro lugar adicionalmente. Algunos libros lo tienen dentro en la primera o segunda página pero esto no es necesario.

El código de barra debe ir dentro de una cajita o espacio en blanco. Esta casilla no necesariamente tiene que ser de color blanco, aunque este color es el estándar, se puede usar otros colores como amarillo y rojo. La idea de estar en blanco es basada en que ni el diseño ni otro texto influyan con el ISBN. El tamaño estándar es de 2.00" x 1.25" Este tamaño puede usarse más pequeño o más grande siendo el mínimo tamaño permitido de 1.75" x 1.00"

Muchas compañías de adicionan el código de barra gratis cuando les compras el ISBN o se puede comprar aparte. También se puede comprar un programa (software) que los prepare.

Publicaciones Digitales. Los principales.

Manuscritos y portadas deben estar en archivos separados. Tener un índice por separado

Kindle puedes publicar directamente con *Kindle Direct Publishing* (sus dueños son Amazon)

Acepta los formatos:

HTML (ZIP, HTM o HTML)

MOBI (MOBI)

ePub (EPUB)

Formato de texto enriquecido (RTF)

Texto plano (TXT)

Adobe PDF (PDF)

Kindle Package Format (KPF)

Word (DOC o DOCX) * No recomendado por ser muy difícil y complejo al subirlo.

No usar "copiar y pegar", usar "insertar".

Nook

Te da su propia plataforma. Fácil de usar. Convertir a ePub (tienen una herramienta que lo convierte).

iPad y iPod

Se ven bajo una aplicación llamada iBooks (gratis). Algunas versiones se pueden ver bajo un iPhone. Los escritores no pueden "subir" su libro directamente sin usar terceras compañías aprobadas por Apple (dueños de iPad) llamadas "*Agregadores*".

Lista de Apple *Agregadores* aprobados o certificados

1. LuluBibliocore

2. Cdbaby

3. Perseus Digital

4. Ingrooves

5. Ingram

6. Libre Digital

7. Lulu

8. Smashwords

Manuscritos deben ser convertidos a ePub

Todas las compañías mencionadas en la sección de arriba también ofrecen el servicio de libros fabricados por demanda.

Libros fabricados por demanda significa que ellos manufacturan el libro y lo envían directamente al comprador (o al autor si así lo pide).

Hay programas en el internet que son gratis o de muy bajo precio que convierten los escritos a ePub. Cuidado, no todos trabajan bien, Prueben con 5 o 6 páginas para ver el resultado primero.

Muy Importante: Compare precios y servicios.

Publicar usted mismo su libro no convierte a usted solamente en autor, lo convierte también en negociante. Como negociante debe buscar la mejor manera de publicar su libro: costo, tiempo, calidad y ganancia.

Para el escritor X le sería mejor la compañía ABC porque le es más fácil "subir" su libro y tienen servicio de hacer la portada totalmente gratis pero las regalías son menores. Si usase otra compañía tendría más ganancias pero le sería imposible terminar el producto sin ayuda. Las regalías son más o menos.

Para el escritor Y le sería mejor usar la compañía DEF. Él puede "subir" su libro fácilmente usando cualquier compañía y convertirlo a ePub. La portada le es imposible hacerla, tiene que pagar a un amigo. Las regalias en esta compañía son mayores que la compañía ABC.

P ara el escritor Z le sería mejor usar la compañía GHI. Tiene que pagarle a su amigo para que le suba el formato ya cambiado a ePub El hizo la mejor portada que nadie pudiera haber hecho ya que es un pintor maravilloso, aun mas, su portada es un cuadro que va a vender en una galería. Cambiar la portada a un formato que mantenga los colores le ha sido difícil, solamente la compañía GHI tiene un programa que mantiene los colores verdaderos e iguales a su pintura. Las ganancias no son tan buenas como la compañía ABC ni la DEF pero está seguro que la portada lo ayudara a vender. Ni siquiera ha chequeado cuanto van a ser las regalías.

¿Cuál de los tres autores está obteniendo el mejor producto?

Cada uno de ellos está obteniendo el mejor producto según su capacidad, su bolsillo y según lo que quieren obtener.

¿Cuál está obteniendo la mejor ganancia?

Eso siempre va a ser basado en la venta, que es impredecible para el escritor Y está obteniendo una mejor regalía (no ganancia ya que no sabemos cuánto le costó hacer la portada).

Una vez más haga su tarea. Compare calidad. En una compañía podrá hacer hasta 4 veces más ganancia que en otra basado en las regalías. Busque la compañía que más regalía le dé basado en lo que "usted pueda y quiera hacer", ese va a ser el mejor resultado y la mejor ganancia.

Regalías

Generalmente van del 35% al 70%. Pero tan importante como los porcentajes de regalías es a que mercados abarca el distribuidor. ¿Qué haría usted con un distribuidor que paga el 80% de regalía pero solo abarca el 8% del mercado?

Partes del Libro

Portada o Caratula

La portada es uno de los elementos más importante de su libro, es generalmente la primera impresión que el comprador recibe.

En la portada o caratula debe estar el nombre o título del libro y el nombre del autor como mínimo.

Dibujos, ilustraciones, fotos, lo harán más atractivo. Su portada debe dar un mensaje sublime sobre el libro. La portada de atrás de un libro se llama contraportada.

¡Cuidado! Aquí nos referimos a la cubierta o tapa. La primera página del libro también es llamada por muchos, portada o portadilla. Aquí debe aparecer el nombre del libro y el nombre del autor. Debe ponerse el año en que es impreso el libro. Debe ponerse si es parte de una colección y el nombre de la imprenta si se desea. Es la primera hoja imprenta. Debe ser la página número 1 aunque no la enumere y siempre debe ir a la derecha.

Aquí también pero en el reverso se pueden poner otros títulos del mismo autor o dejarse en blanco. La página que sigue debe ir en blanco. Le puede seguir una página legal o no. Página legal es para darle crédito a si es una traducción de otro libro, etc.

Le sigue la página de introducción en el caso que la hubiese, es una página donde otra persona le da introducción al libro, como otro autor, un historiador, un editor, un profesor, etc.

Le sigue la página del prólogo, si la hubiese, por el autor y es como una introducción a su libro. Le siguen los agradecimientos y la dedicatoria.

Aquí es donde empieza el cuerpo del libro.

Las páginas al final del libro deben tener, si se aplicase (exteriores y exteriores)

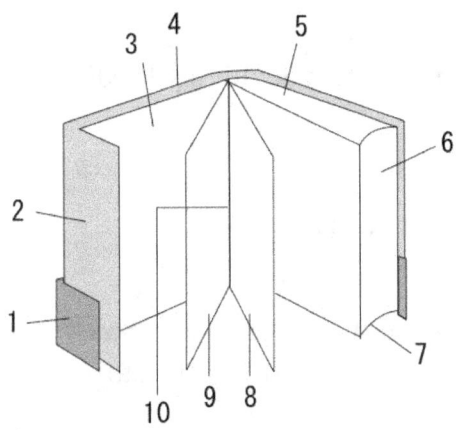

Exteriores

1. Faja. Son la cubierta del libro. Portada (adelante) y contraportada (detrás). Llevan título y autor. Debe ser atractiva. Debe "vender" su libro. Es la primera impresión y cara del libro.

2. Solapa. En la parte interior debe llevar otros libros que usted haya escrito. También llamado Forro, solapa, contra carátula, o cubre portada.

3. Guarda Interior.

4. Cubierta.

5. Borde Superior.

6. Borde Frontal.

7. Borde Inferior

8. Página derecha

9. Página Izquierda

10. Lomo. Debe llevar nombre del autor, título del libro y la editorial.

Interiores (Ni siempre van todos los elementos)

1. Portadilla o ante portada: Nombre del libro y del autor. No se enumera pero si se quiere se puede empezar a contar como la

página número 1. También debe ir: la editorial, la marca, mencionar que numero es de la colección.

2. Página legal: Información legal del libro como traducciones, derecho de autor, direcciones, otros números importantes, etc.

3. Presentación, prefacio, introducción. Dedicatorias. La introducción no tiene que ser necesariamente del autor, puede ser de otra persona quien la haga. Si el autor va a autografiar el libro, este es el segundo lugar ideal para hacerlo. El primer lugar debe ser en una página en blanco que sirva de separación en el caso que se esté usando y que debe seguir a la página de presentación.

4. Página en blanco.

5. Cuerpo del libro. Donde empieza la historia (primer capítulo), parte informativa, narración, poesía o cualquier otro tema o asunto del que sea su libro.

6. Glosario: términos para que el lector entienda su libro. Deben ser agregados, por ejemplo, en el caso de un libro técnico o en el caso de una novela donde usted "invente" o cree sus propias palabras.

7. Anexos: Explicaciones sobre su libro. Glosario en el caso que se usen palabras inventadas por el autor. Traducción de palabras en otro idioma.

8. Bibliografía: En el caso que haya que dar relación de datos de otros libros usados. Referencias a frases usadas no propias. Citaciones.

9. Epilogo: Recapitulación del libro. Resúmenes. Notas del autor.

10. Cortesías: Hojas en blanco generalmente de 1 a 4. Antes de las hojas en blanco algunos autores hablan de su próximo libro y muchas veces hasta introducen el primer capítulo o parte del primer capítulo de su próximo libro.

Promociones/Mercadeo

Hoy en día es fácil promover usted mismo su libro. Utilice las páginas sociales como Facebook e Instagram. No lo haga por su página personal si no que cree una página como negocio. Cree también una página para su libro a través de su página principal y compártala con sus amigos en su página personal. En una página de negocios por un costo muy razonable puede hacerle llegar las páginas de su libro a miles de posible lectores y posibles compradores. También puede utilizar servicios contratados. Cuidado con distribuidores que cobran por vender su libro, huya de ellos. No digo que "todos" pero cuidado. Las compañías grandes como Barnes and Nobles y Amazon tienen programas que usted se puede asociar pagando una cantidad muy pequeña. Cuidado también ahí. Hay compañías que le obligan a hacer contratos que le impiden trabajar con otras compañías. Eso es conveniente a veces y otras no. Le tocaría a usted analizar cuál sería su mejor opción, después de todo, es su libro.